AMÉDÉ

De la même auteure

Alma, poésie, Moncton, Éditions Perce-Neige, 2006.

GEORGETTE LEBLANC

AMÉDÉ

LES ÉDITIONS PERCE-NEIGE

Œuvre en page couverture : GAUDET, François, acrylique sur bois, 2007.
Conception graphique : Jovette Cyr.

L'auteure désire exprimer sa reconnaissance au Conseil des Arts du Canada,
au ministère du Tourisme, de la Culture et du Patrimoine de la Nouvelle-Écosse
et au Fonds Dugas-LeBlanc.

CATALOGAGE AVANT PUBLICATION DE BIBLIOTHÈQUE ET ARCHIVES CANADA

LeBlanc, Georgette, 1977-
    Amédé / Georgette LeBlanc.

(Collection Poésie)
ISBN 978-2-922992-55-7

    I. Titre.

PS8623.E3422A86 2010   C841'.6   C2010-900290-3

DISTRIBUTION EN LIBRAIRIE AU QUÉBEC
Diffusion Prologue
1650, boulevard Lionel-Bertrand
Boisbriand (Qc) J7E 4H4

EN EUROPE
Diffusion du Nouveau Monde (DNM)
30, rue Gay-Lussac
75005 Paris (France)

AILLEURS AU CANADA ET DANS LE MONDE
Les Éditions Perce-Neige
22-140, rue Botsford
Moncton (N.-B.)
E1C 4X4 Canada
http://perceneige.recf.ca
perceneige@nb.aibn.com
Tél. : (506) 383-4446
Téléc. : (506) 857-2064

New Brunswick / Nouveau-Brunswick   Conseil des Arts du Canada   Canada Council for the Arts

La production des Éditions Perce-Neige est rendue possible grâce à la contribution financière
du Conseil des Arts du Canada et de la Direction du développement des arts du Nouveau-Brunswick.

Ce livre est conforme à la nouvelle orthographe.
www.orthographe-recommandee.info

*À la Rencontre
avec Eric Tribut Vecco.*

de parenté à parenté à parenté

Alma raconte

l'Histoire a braqué dans la nuit
un soir de fond de logis
j'étions assis
j'avions brassé le fudge
raccommodé mitaines et bas
piqué et repiqué coton
en falaise en horizon
jusqu'aux quatre mâts d'une couverte

et la soif nous prit
de-quoi de fort cte soir-là
une soif d'eau de lune
marée montante
je bure jusqu'à caler les botes

et c'est du fond de la cale que ça venit
un son comme une pluie
fine
comme une poussière de loin
oreilles creuses dans la mer de la coquille
un braquement
une chaleur
une pesanteur
du sable trempe entre les orteils
et j'étions pus dans le logis
j'étions derrière les rideaux

dans les veines de la nuit
j'étions les yeux d'une tempête
qui s'en venait vite
qui montait
qui voulait
qui virait
et en virant, virait plus fort
jusqu'au galop
un champ de bêtes pris lousses
à faire et refaire le cercle de la terre
à battre le cœur en quatre
en fer jusqu'au feu

et les chevaux et la pluie et la terre entière
comme la fin des temps
comme si en dehors du temps
et les cris d'hommes et la montée du sang
et la rondeur et le troupeau et la montagne
et toute la misère du monde

et la porte rouvrit

ils havrirent
la goule de baleine rouverte comme un port
une présence
des pas de bêtes à deux pattes
des voix d'hommes en rage
une dispute
et un cri

un cri

et aussi vite que ç'avait monté
le vent et la pluie et les chevaux
et toute la misère du monde
dans un cri
ça arrêtit

l'Histoire a braqué dans la nuit
dans la plus profonde des nuits
dans la sueur de l'attente
ronde comme une goutte
qui se nomme point, qui se voit point
parce que t'es trop pris à grouiller dedans
trop pris par sa chaleur
par son temps qui se fige point

l'Histoire a braqué dans la nuit
dans le cri de l'homme sans nom et sans corps
dans le cri comme la mesure de quatre murs
aux vitres grandes rouvertes
pour laisser flotter rideaux comme voiles
comme l'été et le sel
et tout ça qui veut faire la paix
est déchiré

l'Histoire a braqué dans la nuit
dans la sueur de mon écoute
dans l'eau de lune forte, si forte
dans ma marche pieds nus à gobiller
pris dans le cri
pris dans le son
partie
comme on quitte trouver
tout ça qui reste

Avant la tempête

I

au début
le cri était grand et partout
comme la mer qui l'avait emmené là
comme les longs voyages
les très longs voyages
voyages qu'aviont duré des années, des siècles
jusqu'à perdre l'envie de grouiller
jusqu'à perdre l'ordre des saisons
jusqu'à pus savoir qui vouloir trouver

sept ans sur mer ils aviont vogué
aviont raccomodé, aviont bu jusqu'à la cale
tout le rhum, toute la cendre et la poussière de la misère
sept ans sur mer, ils aviont tout mangé et tout bu
jusqu'à rester collés, affamés
oreilles contre le ventre du bote
jusqu'à pouvoir entendre le chant des baleines
jusqu'à entendre le goémon parler

et c'est du fond des botes, dans la septième année
du fi fin fond de la mer
qu'ils aviont finalement pêché
pêché des bouteilles montées par la mer
la mer qui finissait pus
qu'arrêtait pus avec son horizon
qu'ils aviont entendu chanter
des lèvres douces de la grande Atchafalaya
de sa chair tissée et riche
de maïs, de pins, de pacaniers
de l'oranger de l'Amérique

des bouteilles pêchées vint l'annonce du fruit
un neuf pays
et un après l'autre, chaque bote braquit
des quatre coins de la mer, chaque bote reprit
pour les douces et longues jambes de l'Atchafalaya
pour quitter à jamais l'eau salée
ils naviguirent autour de ses dents robustes de cyprès
sur sa langue rauque et brune, chacun de leur côté
les botes montirent, tous halés par la même chaleur
contre courant
jusqu'à la grande plaine salée

un après l'autre, les botes havrirent
comme si la plaine était sable et grève
et trop ébarouis pour grouiller
les corps jeunes comme les vieux s'étendirent, couchés

après plusieurs nuits de-même
après plusieurs nuits à espérer, tourmentés
le cyprès braquit
à raconter
de ses longs bras fit jouer l'archet
la rondeur de la patience et de la misère
l'éphémère blancheur des picogies
comment soulager toute la soif
qu'il aviont récoltée sur mer

au son de l'archet
les exilés braquirent à se lever
droites et doux comme la canne
braquirent à grouiller
et c'est de-même que dans l'archet du cyprès
le Village s'avait braqué
c'est de-même que l'archet du cyprès arrivit
à noyer jusqu'au fond de la voix
jusque dans le creux du violon
tout le tourment du cri
toute la misère de retrouver la terre, l'ancre du temps
de parenté à parenté à parenté

la neuve terre était sucrée
la patate y sortait douce et dorée
et les moustiques fatigués arriviont même à voler collés
quand-ce qu'il fait chaud
quand-ce qu'il fait chaud assez que tu sais pus
si t'es en train de marcher ou nager
tout braque à s'aimer

mais dans chaque smile se cachait une dent dorée, l'œil caché
chaque tronc d'arbre pouvait vite virer en une bête cachée
en venin, en alligator, en mocassin
c'était compliqué danser sur une terre qui pouvait faire saigner
sous les skirts d'un ciel grand assez que rinqu'un tour
pouvait tout faire tomber

tout voulait s'aimer

bien ancré dans le neuf temps
le Village avait trouvé des neuves façons de grouiller
le Village avait appris où ce qu'il pouvait et pouvait point marcher
les frontières de la Vigilance
qui voulait dominer danseurs et toupies
la Vigilance qui voulait empêcher les neufs mots de rentrer
et le Village avait appris
bien ancré dans le nouveau temps
le Village avait pus besoin de chanter pour faire danser
sans mots, il avait réussi à gagner plus de temps à la valse

et c'est comme ça qu'à force d'y vivre, à force de bâtir
on vient à oublier
et c'est comme ça qu'après une centaine d'années
de soleil, de saisons et de gros vents
on voyait pus les os du bote
les voyages avoint viré en poussière
la faim avait fait pousser racines jusqu'à temps que le Village
fût bien pris dans la bourrique du monde
dans tout ce que te laisse la mer
la mer si bien oubliée qu'on avait arrêté de chanter
dans le violon, le Village s'avait retrouvé
on oubliit le voyage, les très longs voyages
jusqu'au sel
jusqu'au cri

cte soir-là
après une jeunesse à se remplir la panse de trills, de stops
de slides, de reels, de contredanses
une jeunesse entière à écouter leurs pères
à écouter la rondeur des cordes sonner
à jouer ensemble, à attraper ouaouarons, cueillir mures et lilas
à galoper jusqu'aux limites des levées

le Village était après fêter
les fiancés
Lejeune et Jolie Brune
le violon et l'archet
comme si c'était la force des choses
qu'un homme trouve son cœur
en famille

cte samedi soir-là
le soir des fiançailles de Lejeune et Jolie Brune
Grosse Tête, le Notaire, avait fait nager la Vigilance
il l'avait fait boire toute la pleine lune en une bouteille
grâce à Grosse Tête
la Vigilance était si bien groguée
que même ses chiens pouviont pus marcher
et les danseurs viriont une miette plus vite
les skirts du ciel montiont une miette plus hautes
dans le grand logis du bal
comme dans le tronc d'un arbre
le Village chauffait sûr, enraciné

et en même temps, cte samedi soir-là
dans la même profondeur de nuit
Amédé franchit l'anse du bois, le madouesse des pins
sac à farine sur l'échine, il vit le grand logis après fêter
vit pour la première fois ça qu'il avait jusqu'à ce temps-là rinque rêvé
entendit le violon, le tit-fer sonner
et Amédé sentit en lui un cri monter, comme une envie de brailler
il pouvait presque point en croire ses yeux
il était finalement arrivé

le Village avait appelé Amédé depuis petit
sa grand-mère avait raconté que c'était au Village qu'il y avait le Livre
le grand Livre qu'elle avait vu de ses propres yeux
qu'elle avait touché et senti comme une bête presque morte
encore chaude
sa grand-mère parlait de-même
elle avait tué assez de bêtes pour le savoir
sa grand-mère avait dit que le Livre
c'était itou le grand cyprès de l'Atchafalaya
qu'avait regardé tempêtes et gros vents passer
qu'avait fait sa peau de mousse et d'oreillers
qu'avait appris à chanter et nager même enraciné
et que c'était ça la famille

Amédé avait juré qu'un jour il trouverait
un jour il toucherait le Livre
sentait que sa voix en dépendait
et cte soir-là, sans famille, Étranger
face à tout ce qu'il avait rêvé
il sentait en lui la force excitée de cti-là qu'a trouvé

ils disiont que les portes du logis se rouvrirent tout seules
qu'Amédé fit son chemin au travers le Village entassé
au travers des toupies hautes et fières des danseurs
qu'il marchit droite et longit
qu'il montit jusqu'aux chaises des violons
comme pour partager les eaux
et que même si le Village voyait la poussière de ses pieds
et que même si le Village savait qu'il était venu de loin
qu'il avait des neufs mots dans le cœur
personne l'arrêtit

personne l'arrêtit
parce que dans le vent qui s'élevit
dans le souffle de l'Étranger
dans la voix qui montit de son grand corps fier
de la pleine rondeur de ses lèvres
de l'éclat de ses yeux comme d'un ciel étoilé
Amédé défit la perle des boutons de la tune
dans le plein mitan du Village
devant les chiens de la Vigilance
dans le doux minéral de sa neuve peau, de sa neuve voix
de tout ça qui devait rester loin du Village
Amédé arrachit hardes, gouttes de sueur des danseurs
jusqu'au sel
jusqu'à une soif que chaque corps du Village reconnaissait

le cri d'Amédé montit dans la nuit
comme un voyage
comme un très long voyage
qui recommençait

II

depuis le bal des fiancés, Amédé avait cherché
pages, racines, réponses à ses questions
se promenait d'un logis à l'autre
demandant un mot du grand Livre
mais on faisait rinque de le regarder
on pouvait point l'aider

le Village avait gardé la chaleur de sa voix
avait point pu s'empêcher de l'aimer
malgré les skirts qu'il avait senti lever
malgré ça que son cri avait fait monter

Amédé était trop beau pour rester Étranger
son grand corps musclé était trop calme et souriant pour rester seul
il y avait trop de-quoi de vieux dans ses muscles jeunes
pour faire craindre mères et parenté
trop d'étoiles dans ses yeux
trop d'ombres fraiches à ses côtés
pour rester apeuré de la poussière sous ses pieds

et petit à petit Amédé marchait accompagné
les enfants braquirent à le suivre
à lui demander de raconter des histoires et des contes
de sa voix ronde
c'était ça la plus grande force d'Amédé
il avait appris à écouter, il écoutait calme
il rentrait dans chaque son
dans chaque épaisseur autour de lui
et chaque fois il en sortait une histoire racommodée
Amédé faisait de chaque personne qui s'approchait parenté

dans ses premières semaines au Village
à force de se pencher vers le ciel de la terre
à force de haler et de tirer dans le grand champ
de roses déshabillées, de nuages enracinés
à force de travailler comme les autres et de montrer à la Vigilance
la sueur de ses efforts
on le laissit tranquille à marcher dans l'encre noire de sa mémoire
on essayait même d'inventer des racines pour trouver parenté
mais Amédé avait rien trouvé
même point un rêve, même point un souvenir
rien du Livre ni de sa grand-mère
rien pour expliquer la montée qu'il avait senti braquer

Amédé décidit de partir
de laisser le Village tranquille
mais le samedi soir de son départ
au bal, Lejeune l'appelit
et du haut de la table des violoneux
l'invitit à monter et à jouer avec lui

Lejeune avait passé des semaines à regarder Amédé travailler
il était attiré, il admirait comme un enfant
les branches épaisses de ses bras
il avait gardé en lui le cri d'Amédé
qu'avait monté le soir des fiançailles
un cri si cassé, si brisé, malgré toute la force qu'il voyait

quand-ce que Lejeune sentit Amédé se pencher à ses côtés
pour mieux entendre les cordes du violon sonner
Lejeune se sentit plus grand
sentit la pleine force de l'ancre du Village
le cercle parfait du carré

et ça fit Lejeune jouer fier, plus fort
comme un enfant
comme si un père était en train de l'écouter
malgré son nom

la chaleur du violon et de Lejeune fit du bien à Amédé
et Amédé restit

la saison du clôt arrivait à sa fin
et avec ça
le temps du cimetière était arrivé

Amédé avait braqué à jouer le violon
et ça lui faisait du bien, comme un destin
de faire le tour de la tune du Village avec Lejeune
de faire danser la faim chaque samedi soir au bal
malgré les couteaux de la Vigilance
malgré sa méfiance
on venait de partout asteure pour les entendre jouer

mais même avec tout ça
il y avait point de place pour Amédé au cimetière
le jour de la Toussaint
Amédé se gardit bien rangé dans le bois
aux frontières du cimetière
pour regarder la mémoire du Village se faire

et même si Amédé voulait se pencher comme les autres
voulait lui itou un lit où prier jusqu'à l'os de la pierre
comme les autres
même si asteure Amédé faisait danser et virer le cercle du carré
Amédé restit à l'ombre de la Toussaint
un grand chêne parmi les pins

sous les pins
comme la seule vraie parenté qu'il connaissait
Amédé sentit la solitude de chaque voix
sentit revenir fort son envie de trouver le Livre
le Livre qui donnerait sens à son chagrin
au vide qu'il ressentait
sous les pins
Amédé restit
accordit son violon à sa faim
au Village assemblé

et c'est bien nigé sous les pins qu'Amédé vit se lever une femme
dans toute sa grandeur, dans tout le coton de sa skirt
des ombres et douces courbes de ses hanches
Amédé vit se lever une tête de cheveux
comme l'éclat du pin nouclé, sucré
une coulée à faire ruisseler, à faire doux, doux le fruit de la chair
jusqu'à la toute petite clé de sa gorge
dans l'instant de la voir, elle
dans la pleine force d'elle, comme d'un ciel étoilé
de la voir poser doucement une main forte sur la tête de son enfant
de ses parents qui se teniont proche
comme autour d'une chandelle
Amédé sentit une douce chaleur l'éclairer

Rose

mais c'était compliqué arriver jusqu'à su Rose
parce que su Rose
c'était su Grosse Tête
parce que Rose était une femme mariée, était bien gardée
comme un homme garde tout ce qu'il y a de précieux dans le monde
pas question de partager

c'était compliqué parce qu'un homme
un homme qui dans sa grange, forge la lune
fabrique, de sa still, eau-forte assez à faire timber
le plus cyprès des hommes
avait les sens aiguisés
pouvait sentir de loin
pouvait sentir jusqu'à la goutte, la toute petite coulée de sang
qu'une toute petite épine de sa Rose
était en train de faire saigner du cœur d'Amédé

le Village avait été trop pris par la mort
par les sacs remplis, par la récolte finie
trop pris par la boucane des serpents
pour entendre les gros vents qu'aviont braqué
pour sentir le courant que la vision de Rose
avait fait passer à travers Amédé

à la fin de la saison
malgré l'épaisseur du vent
malgré la neuve voix qu'avait braqué au bal
la chaleur qui montait chaque fois qu'Amédé s'aventurait
dans les grands bois de la valse
le Village restait ancré dans la mesure du temps
personne était inquiété
et Amédé et Lejeune étiont les deux parés à prêter serment
de récolter jusqu'à la mort
la pleine tune du Village

le soir des contrats était arrivé
dans la cuisine cte soir-là, ils alliont signer
la litanie des Vieux et du Village
tout ça qui gardait le monde entier
qui faisait qu'entre pattes et os, on savait où se garder
le temps avait fait passer le sel du voyage, la mer des vents
la poussière avait enterré la force de la parole
et même si tout dans le cœur criait vérité
Lejeune était paré à écrire, à marquer sur papier
branches et troncs
le sang que ça prenait pour se marier
et Lejeune était paré, il était nouclé
jusqu'à l'oranger de Jolie Brune
à ses bras, à son ventre, au café de ses yeux

Lejeune savait calmer la tempête des danseurs
avait appris à la manière des Vieux comment faire danser droite
comment faire danser sans grouiller hanches ou silhouette
comment rester doux, doux sur les cordes
comme sur l'échine d'une jeune bête
Lejeune avait le clôt dans le corps
comme si ses épaules larges, son torse
ses bras, ses cuisses épaisses de muscles
aviont été battus par les troupeaux
ses lèvres et ses yeux bruns plissés par les couchers de soleil
à force de faire le tour
de chaque anse, de chaque tune du Village
il jouait ça que les pères aviont mis tant d'années à planter
ça que les Vieux aviont de leurs propres mains tracé
hanches de pacaniers, canne, coton
ça que les Vieux aviont récolté
violons au cœur, tune après tune
de père en fils

les Vieux étiont assis chaque bord de la table
contrats et bouteilles comme corvées
après guetter l'arrivée du Notaire
bien mirés dans leurs chaises

et avec un coup d'archet, étiont partis
ils étiont après jouer la tune de la parenté
comme pour encercler les bêtes
l'harmonie des familles, le travail compliqué
Lejeune et Jolie Brune assis bien ancrés sur la galerie
après écouter, cuisse contre cuisse, sillons dans les mains

et cte même soir-là
dans la même profondeur de nuit
loin d'une famille, seul à jongler
Amédé avait resté dans sa cabane
était seul, après inventer
comment faire pour aimer une femme mariée
comment faire sans signer papiers, sous l'œil de la Vigilance
comment trouver une autre façon d'aimer

Rose

III

Grosse Tête était grand et maigre
comme si on avait mis de la hauteur aux loups
et c'était vrai
il avait un gros clan, des enfants partout
mais on le croyait point à le regarder
il était fait grand et lisse comme le papier
grand et fier, des mains de contrats signés

il aimait raconter qu'il avait mangé la mémoire du Mouton
de son grand-père, de ses plumes et de ses décorations
il aimait raconter qu'un mouton c'était fait pour brouter
et que la guerre c'était pour s'habiller
et que lui avait été fait pour chanter

les autres auriont dit hurler
les petits et les grands de sa grange, dans la nuit
l'entendiont à la lune parler
entendiont de son grand chaudron les bulles monter
la boucane, la chaleur
voyiont les tisons de la still craquer

il avait tout fait
il avait tout li
il avait tout pris
jusqu'aux quatre coins du pays
c'était le seul du Village à travailler en écrit
et c'est pour ça que si lui
si Grosse Tête voulait plier le fer en feu
fabriquer de l'eau de la pleine lune
et faire saigner Rose un enfant après l'autre
c'était bien à lui de le faire

mais c'était point la Justice ni les Bibliothèques qui faisaient
que Grosse Tête marchait avec le clan dans le corps
c'était point la Justice ni les Bibliothèques ni Rose ni le Village
qui faisaient qu'ils l'écoutiont, qu'ils l'appeliont Notaire
qu'ils le laissiont faire
c'était qu'il connaissait un livre
comme les Vieux connaissiont les levées
il connaissait les mots
comme Lejeune connaissait la nuque de Jolie Brune, les dents du désir
Grosse Tête connaissait le Village
jusqu'à sa reliure
ils aviont une échine en commun

Grosse Tête rentrit dans le logis des fiancés la brume su l'échine
et déclarit :
ah! ils sont encore après jouer?
Grosse Tête parlait sans chercher de réponse
on guettait quand-ce les yeux noirs de Grosse Tête parliont

pour l'encourager
les Vieux grattirent plus fort dans le violon

mais les mots de Grosse Tête étiont remplis de vent
étiont avec chaque souffle à faire débouler le logis
à faire courir porcs et bêtes
Grosse Tête avait senti les skirts de la nuit se lever, hautes
avait senti les pétales virer
avait senti, dans la levée, l'eau se presser
était sûr qu'il y avait point assez de coton
pour empêcher l'or de caler
jusqu'au fi fin fond de la mer

faut changer de tune, les Vieux!

et comme pour illustrer
parce que c'était Grosse Tête et qu'il savait dessiner
il se mit à raconter l'histoire de Bébé Anderson
qui, dans toute la sueur et la misère de la terre
à force de piocher et gratter dans la semaine
avait trouvé tout l'or du soleil dans un grand trou noir

« tu connais, c'était comme trouver un monde
comme trouver de-quoi faire un homme
ça que sa pelle avait dégratté
mais Bébé était honnête et avait courri chercher le boss
et avec le boss ç'avait été jusqu'à la Vigilance
parce que personne, pas personne savait quoi faire
avec tout l'or du soleil »

« mais ça coute une moyenne pièce, la paix
et la Vigilance voulait tout garder
l'ordre se partage point, qu'elle disait
le boss, lui, avait de-quoi d'autre dans l'idée
et que si c'était la main de Bébé qu'avait gratté
c'était bien à Bébé de gagner son dû »

« avec la lumière en poche
la semaine du nouveau riche faisait moins suer
Bébé pouvait porter chapeaux et se promener
et avec ça il s'en fut comme un coucher de soleil
s'en fut faire travailler d'autres Bébé
faire un pays d'hommes !
qu'il lançit en quittant dans la boucane de la train »

Grosse Tête s'éclatit de rire à s'écouter
mais les Vieux étiont point tout à fait impressionnés
au-dessus de leurs violons, sans perdre un temps de la tune
il lancirent à leur tour qu'il avait resté trop longtemps dans sa grange
qu'il rêvait en couleur avec ses idées de Justice

« ah! mes espèces de couillons!
moi j'parle pas de Justice
moi j'connais pas plus ça qu'est juste que toi
moi j'vous dis que l'argent mourt point
elle finit rinque dans d'autres mains
que tout votre coton et toutes vos bêtes
toute la pesanteur de vos briques sous terre
tout ça que vous croyez sûr comme l'ancre de votre tune
est après lever
l'eau est après monter
mais jouez! jouez!
moi j'garde mon nez
dans le papier »

les Vieux contchinrent à jouer
c'était point qu'ils étiont sans peur, sans craintes
c'était point qu'il vouliont se cacher
c'était qu'ils saviont mieux que de croire en liberté
c'était qu'ils aviont point une pièce d'envie à décoller
aviont point envie d'or ou d'arracher à la semaine
sa chaleur et sa misère
Grosse Tête avait surement raison
mais pourquoi s'inquiéter, arrêter de danser
si tout le Village en avait assez
était bien ancré

de la galerie
Lejeune avait écouté l'histoire de Grosse Tête et les Vieux
il avait remarqué qu'en fin de parole de Grosse Tête
les chiens aviont braqué à hurler
les pistes des bottes et des chapeaux hauts
aviont percé les ondes des criquets
la Vigilance faisait le tour, un grand tour du logis
et pourtant la lumière était forte
la peau du monde assemblé, claire dans la nuit

quand-ce que Grosse Tête entendit les chiens
il se levit de sa chaise d'un seul coup
se rendit de la cuisine jusqu'à la galerie en tonnerre
et ça arrêtit la tune sec
il se méfiait
dit qu'il avait intérêt à retourner au logis
et avec ça, s'en fut
pressé
le papier de fiançailles comme un fusil à l'épaule
les yeux déjà ajustés à la nuit du soir

le matin s'en venait vite
et avec le matin, la Noce
la clé des lèvres de Jolie Brune
toute la grandeur de son corps, de son ventre
de la boghey qui se remplirait, de la faim du Village qui se tuerait
toute la chaleur et les épaules des fiancés à charrier
tout ça que ça prenait à faire danser le cercle du carré

IV

cte même soir-là
le soir des contrats signés
Amédé avait entendu les chiens hurler
il avait senti les vents braquer à virer
mais Rose était en train de lui raconter, à lui
était en train de chuchoter les chemins secrets à son jardin
jusqu'à la clé de son cou
Rose savait jouer itou
mais comme une femme mariée

Amédé sentait la charge de ses mots, la lumière que ça faisait
dans chaque histoire qu'elle laissait monter
il sentait une chaleur qui l'avait jamais touché
et ça faisait du bien d'être là, dans le plein parfum du rêve
il pouvait point se défaire de son corps
pouvait point se défaire d'elle parce que dans chaque mot
dans chaque pétale de Rose
dans chaque douce épaisseur de sa voix
Amédé retrouvait mémoire, racines

couché à ses côtés
dans tout ce qu'il y a de précieux dans le monde
dans tout ce qu'il faut quitter
Amédé voulait point quitter, il voulait point se réveiller
même s'il savait mieux, savait que Rose pouvait point être gardée
même s'il sentait qu'un soir elle finirait par quitter
même s'il sentait Grosse Tête rôder, revenir
s'il savait que les chiens de la Vigilance aviont faim

Amédé voulait rester
il se sentait s'enfoncer dans les draps du lit
sentait son ventre se remplir
le vide de sa misère s'adoucir

le lendemain, le matin de la Noce
Lejeune se réveillit dans la grange, dans le foin
il s'avait endormi à force de brosser jusqu'à faire luir son cheval
il avait voulu être sûr que tout serait bien paré pour charrier
avait insisté que malgré le vent de Grosse Tête
c'était point l'argent qu'emporterait sa famille

et c'est grand et fier qu'il arrivit à la Boucherie
à la fête qui donnerait de-quoi à manger
de-quoi à danser au Village assemblé
le fiancé arrivit épaules larges
dans tout le bronze de sa peau
un homme comme un cheval
paré pour devenir père

mais à la Boucherie
entouré de ses pères et face à la bête
les enfants à regarder par les trous de la bouchure
ça fit de-quoi à Lejeune
il restit debout là
dans le mitan du caquetage des poules et des femmes
des gros poissons des hommes
il restit debout là, arrêté
dans le mitan de tout ça qui s'apprêtait à la mort, arrêté
comme si lui-même allait tomber dans la grousse baille à laver
parée pour le sang qu'allait pisser de la bête
comme si lui-même allait tomber dans la boucane de l'eau
c'était-il point au loup à se faire bouillir?

et ça braquit à virer en Lejeune
ça braquit à virer assez que pour la première fois
Lejeune savait pus

un coup
la lame pointue dans la gorge du cochon
le couteau dans la main de Lejeune
et la bête comme un drapeau fut montée, fut hissée dans l'arbre
son gros corps après se faire trancher, du nord au sud
toute sa terre à saigner, à mouiller jusque dans le bassin
pas le temps de pleurer
pas le temps de regretter la pauvre bête
rien de la mort gaspillée

le Village laissit Lejeune seul
debout, couteau dans la main
le laissit seul dans sa naissance
dans le ciel gris et épais comme de la cendre
et la bête tranchée se fit charrier jusqu'à la grosse table de bois
la même grosse table de galop, de tune et de contredanses
et les voix se faisiont de plus en plus épaisses asteure
comme des mouches à miel à monter, des éclats, de la chaleur
et le feu se faisait vite avant la pluie
le feu, vite, vite à craquer, pour réveiller Lejeune
le jeune futur marié
étourdi par le cercle du carré

la graisse, la peau fricassée de la bête sortit Lejeune de son tchôme
comme si ça craquait dans le monde, dans l'air du temps
Lejeune retrouvit l'ancre, se réveillit
la Boucherie
la première mort de Lejeune
comme pour prendre sa place dans le cimetière

Lejeune rembarquit dans la danse de la Boucherie
rentrit dans la ronde avec les autres
Lejeune avait appris le long cri du cochon
ça qu'un coup d'archet pouvait point emmener
il avait senti dans son poignet entrer le temps de la mort
les racines du Village
il pouvait point guetter de reprendre le violon
pour jouer de ses neuves mains

et les vents s'aviont élevé
les quatre en même temps, de chaque direction
ils se tissiont comme une voile
comme une toile du temps premier
la girouette d'en haut de la shoppe
savait pus quelle direction pointer
les hommes et les femmes étiont après trancher vite, vite
après se passer d'une main à l'autre
entrailles, foie, cœur, peau, comme de l'eau
pour tuer la faim du Village avant la pluie

et dans la même épaisseur du jour
dans tout cte même temps-là de la Boucherie
Amédé avait resté pris
avait resté longtemps dans les grands bois
parce que Rose lui avait laissé un cadeau
au ras de la porte de sa petite cabane cte matin-là
Amédé avait trouvé une petite boite noire
une boite qu'il avait vue dans la vitre d'une shoppe
qu'il avait raconté à Rose un soir, comme un album photo
un accordéon
sa Cordine, à lui

quand-ce qu'il sortit de son tchôme
Amédé avait pris pour la Noce, à bout de souffle
mais en essayant de traverser d'un bord de la coulée à l'autre
il s'avait fait prendre
l'eau était après monter, la coulée percée
les jambes d'Amédé jusqu'à ses genoux s'aviont mouillé
et les bras encerclés autour de sa Cordine, à lui
pour garder ses poumons secs
Amédé sentit remonter l'envie braquer, plus fort le cri monter
le cri de la traversée de la terre sec à l'eau

V

Jolie Brune descendait l'escalier
prenait son temps
un pied après l'autre
une marche après l'autre

dehors, la nuit avait braqué avant son heure

mais personne s'en rendait compte
parce que Jolie Brune descendait
un coude après l'autre
une hanche d'une marche après l'autre
c'est Jolie qu'avait pris le soleil
qu'avait monté plus tôt pour le grimper comme une pomme
pour s'en couvrir d'or et d'argent

la première vie de Lejeune
le lilas de leur jeunesse jusqu'à la promesse
toute
jusqu'à sa poitrine, jusqu'à son cœur marqué
toute guettait dans cte descente-là
et une fois Jolie Brune arrivée à Lejeune
main dans la main, Village autour
c'était fait

on avait apporté le violon à Lejeune
parce qu'il était paré à raconter asteure
raconter à sa femme, par l'archet du Village
dans sa neuve voix de père
la pleine mesure du temps

ils disiont que dans l'instant du coup d'archet de Lejeune
le ciel se défit
que l'oreille du Village
d'un seul coup
se remplit de la mer
comme si les vents arriviont des quatre directions en même temps
comme si toute la force que ça prenait à virer droite
de rester à cheval
était plus forte encore

le son avait braqué plus tôt
le ciel avait chauffé comme un long coquemar
mais personne avait pris effet
parce que la mort et la faim écoutont point
avont leur propre temps, tenont oreilles en mains
le Village avait été trop pris dans l'ancre de la tune
dans le sang de la Noce
pour remarquer
mais une fois arrivé dans le coup d'archet de Lejeune
la pleine force des vents était forte assez
qu'on aurait dit que pendant des années
les levées aviont été percées
comme des cœurs, aviont été après saigner

partout l'eau de la rivière
partout la voix de l'Atchafalaya douce, douce
le déluge de la tempête, la pleine voix de la mer
forte assez que même Grosse Tête
qui longtemps passé avait senti l'eau monter
que même Grosse Tête qu'avait déjà barricadé la levée
savait qu'il avait rien à faire que de guetter
que l'ancre était levée
qui restait rinqu'à guetter
que l'autre temps se faise

Amédé aurait pu dire à cte moment-là
il aurait pu chanter que c'était une grande déchirure
qu'il avait entendu la skirt du ciel se défaire
chaque fibre, chaque point de travail
comme si le corps qui l'avait habitée était rinque venu trop plein
trop plein de vie, trop plein de tout ça qui guette
comme s'il y avait plusse de place dans le ciel

Amédé aurait pu le dire
il aurait pu chanter
il aurait pu raconter
mais il restit dans le plein mitan du logis
restit à sentir partout autour le velours de Rose s'en aller
la certitude que les chiens seriont après le chercher

et dehors, le troupeau de vaches se noyait
quatre pattes de siècles se renversaient
une odeur de mort montait dans une lenteur de rêve
dans une bascule qui coulait
qu'emmenait avec elle pesanteur de lait, de cuir
de tout ça qui couvre la panse de l'homme

Jolie Brune courait
dans toute la femme, dans toute la mère
dans toute la chaleur de ses jambes musclées
de ses cuisses, du sang de sa robe blanche, le désir d'être partie
Jolie Brune courait à la rivière comme si elle avait été appelée
dans toute la lumière qu'elle avait en elle à se jeter et à couler
à couler dans le lait et le cuir
dans tout ce qui couvre la panse de l'homme

et dans le cri des Vieux
et dans les sanglots de Lejeune
dans les yeux du marié cloué
à regarder tout ça qu'il avait aimé dans le monde se jeter
à regarder tout se noyer dans le plein courant de la mort
Amédé aurait pu le dire
il aurait pu lever un mot
faire sortir de ses lèvres un cri lui itou
un souffle pour faire danser la misère
mais il dit point
Amédé restit dans le plein mitan de la tempête à jongler
deux poumons calmes et réguliers
sa peau et chaque fibre de son propre corps
à écouter le cœur du Village se briser

le temps de la tune
l'archet de Lejeune était parti
pris à la dérive
sorti d'un carré qui s'encerclait pus
qui restait rouvert
qui en se remplissant d'eau se vidait de sang, se vidait de temps
de la mesure qu'avait gardé tout ça qui faisait le Village
danser haut et fier et balancé
Amédé sentit le Village perdre son ancre et tomber

et Lejeune
dans toute sa chaleur
dans toute la fierté de son cœur plein, du cuir de sa peau
debout dans le plein mitan de la tempête, de la pluie
sentit fouetter sur ses épaules tout le poids du temps usé
toute la poussière de leurs tracks et de leurs sillons monter
ses neuves mains vides
son violon arrêté

ils disiont que ça prend la pleine force du Village
pour perdre l'archet de la tune
mais que tout ce qui se perd guette rinqu'à se faire trouver
que le Village allait remonter à surface
et que même l'Atchafalaya
la grande et douce rivière qui s'avait éparé
de ses grandes jambes, de son ventre doux et chaud
que même toute la force de l'Atchafalaya
pouvait point noyer la tune

et que dans toutes les années à garder, à s'ancrer
et perdre voyage
à force de planter
à force de voir ça qui s'en venait avant les autres
à force de guetter l'arrivée et d'essayer
de garder tout ça qui se garde point
de tiendre droite toute la rondeur du temps
même dans tout ça
il y avait rien à faire devant le sel et la marée
rien à parler ou jouer entre les hanches de la tempête
pas de couteaux ni de chiens
pas de dents fortes assez
à dompter les skirts du ciel une fois montées
que le mieux, c'était de se laisser aller
dans toute la tension et la misère
de se laisser emporter
dans toute les forces de la tempête
jusqu'à l'aimer

Après la tempête

I

la tempête avait duré
après les gros vents
après les grandes pluies
longtemps après la noyade de Jolie Brune
après la ruine de la ferme
après chaque goutte comme des marteaux
à défaire et refaire la chair, toute la douceur de la terre
les sacs de sable éparpillés étiont comme une neuve plage
et tout ça qui restait était exposé
bardeaux, murs défaits, fondations, bribes de la tune
toute la vase du logis
tout était à la lumière

ils se mirent à reconstruire
comme si le temps avait point grouillé
comme si à force d'être bien ancré, même si le bote avait calé
ils pouviont refaire comme si rien n'avait changé
que le vent c'était rinque le prix à payer
pour rester sur mer

mais le sel de la mer avait ramené le voyage, le besoin de grouiller
et partout on arrivait, on quittait, partout on se refaisait
le vent avait assez défait et séparé qu'il avait rapproché
tout braquait à vouloir se recoller
se coller mot contre tune, mot dans la tune
et il y avait pus rien pour l'empêcher
le vent avait creusé et piqué dans le cercle jusqu'à le découper
pus de bal dans le logis
pour la chaleur fallait écouter
coller l'oreille contre la grille noire de l'électricité

il restait pus rinqu'à retrouver ses pieds, ses mains, braquer à ramper
l'ancre de la tune avait été levée
le carré du Village avait été cassé
la Vigilance était sortie du soir
rôdait en pleine lumière du jour
pour remettre à sa place tout ça qui trouvait point son chemin
pour bien organiser la liberté

parce qu'il y avait neufs chemins partout
pas moyen de rester sur place
la seule affaire qui restait au Village, c'était un long chemin
le chemin qui menait à la fortune, à l'or noir
aux triangles hauts et fiers, à lever lumière
aux neufs puits, à la neuve famille
un chemin de fer pour une famille d'hommes
jusqu'au triangle du Grand Texas

Lejeune avait resté longtemps à regarder le temps se refaire
il avait essayé de frotter, de gratter
il avait essayé de retrouver l'archet de son violon
mais il était trop pris à souhaiter
à souhaiter que Jolie Brune lui revienne
en muscles, en jambes, en cuisses
à souhaiter l'ancre pour trouver la tune
à souhaiter le Village passé

et à force de souhaiter, le bronze de sa peau braquit à s'effacer
sa peau devint comme une terre sec
son cœur comme un noucle

Lejeune pouvait même pas brailler
pouvait point vider une pleure

parce que brailler déferait peut-être toute la misère
le noucle qu'il gardait dans son cœur
comme la seule affaire qui lui restait
le noucle était la seule chose qu'il avait pu garder
dans tout ça qu'était éparé et quitté
c'était la seule chose qu'il pouvait toucher, sentir, amarrer
asteure que la tune du Village avait perdu son ancre

ça qu'Amédé avait fait monter cte premier soir-là était braqué
les vents de la mer aviont réveillé les poumons de sa Cordine
et asteure Amédé défaisait et refaisait la tune sans peur
laissait sa voix s'emporter et brailler toute la misère de son cri
laissait le parfum de Rose le saouler
et chaque fois que Rose arrivait à la Hall pour danser
Amédé jouait fort et plus fort encore à la regarder
jouait la perle des boutons
en suivant ses épaules et l'anse de ses pieds
les sillons qu'elle traçait dans le violon de sa hanche à danser
avec le plein poumon de sa Cordine
Amédé avançait asteure
avec la patience, toute la force de son grand corps de chêne
fouettait pieds nus pour battre à sa neuve façon, le temps
et se faisait sûr de faire monter les skirts du ciel bien hautes

mais à force de souffler
à force de faire parler les vents de la mer
Amédé et sa Cordine aviont pris la Hall
comme si l'eau avait point fini de monter
et Lejeune pouvait quasiment pus s'entendre jouer
Amédé avait beau l'encourager
Lejeune pouvait point faire jouer son violon
Lejeune pouvait rinque point naviguer sur l'eau de la misère

54

à la Hall
c'était à la Hall asteure pour faire danser
et Amédé faisait souffler sa Cordine
sur la sueur de ceux-là qu'aviont resté
de ceux-là qui passiont
qu'aviont venu aider
à trouver les morts, les trésors
à refaire danser
Amédé faisait souffler sa Cordine
chaque chambre de son poumon bienaimé
c'était au tour d'Amédé à inviter Lejeune asteure

Grosse Tête avait resté
avait même été jusqu'à acheter sa table à la Hall
pour mieux surveiller
pour mieux garder sa précieuse
sa Rose
mais surveiller l'empêchait point de prêcher
et dans tout ça, un soir
Lejeune entendit la voix de Grosse Tête monter
c'est dans l'exode qu'un pays se fait!
et il avait surement raison
Lejeune se dit qu'il y avait peut-être pus rien à quitter avec les autres
les autres qui s'abrilliont de neufs draps
qui s'en alliont au triangle du Grand Texas
chercher sucre et chaleur

les départs se faisiont dans la nuit
et Lejeune s'en fut dans un coucher de soleil
essayant d'être brave

mais il avait jamais rien quitté de sa vie
il avait jamais imaginé que toute la chaleur
tout le cuir de sa peau et de ses épaules
toute la tune de son violon s'en iraient
qu'il s'en irait seul
sans Village, sans Jolie Brune
pauvre hobo dans la nuit

à son tour un Étranger
Lejeune embarquit dans le ventre de la train
et dans le wagon qui sentait les bêtes
Lejeune reconnaissait la mesure longit du moteur
du fer contre le fer, et encore et encore
Lejeune assis écoutait et se demandait si jamais ça arrêterait
la course de Jolie Brune
la fin

et ça grouillait en lui, ça galopait
mais il y avait point de saisons dans le ventre de la train
il y avait point de gouttes d'eau sur sa chemise
sur le coton de sa peau, point d'arbres ou d'eau

ça galopait, galopait
et comme si le charbon de la train avait de-quoi de doré
au fur et à mesure que la train avançait
Lejeune sentait le violon rebraquer dans ses mains
la petite lisière de lumière qui rentrait des portes mal fermées
le vent du neuf pays, qui faisait les lignes dehors sauter
comme si le voyage avait point assez de fin
comme si le voyage avait trop de fin

la chaleur dans ses mains réveillit Lejeune
il sentit pour la première fois depuis la tempête
ses yeux rouvrir
ses sens reprendre leurs forces
dans son réveil, dans son corps qui reprenait sa place
il sentit qu'il était point seul dans le wagon de la train
fut surpris et rassuré de voir un autre corps avec lui
un autre corps bien nigé dans le coin opposé

c'était Amédé

ses grands bras enlacés autour de sa Cordine
son corps de chêne fier
moulé aux planches de la train
comme s'il y avait de la chaleur au départ

II

Amédé avait quitté
avait rentré dans le ventre de la train
parce que la veille
Grosse Tête avait braqué à sentir le sang
avait braqué à entendre dans la voix de sa femme
la voix d'Amédé
et dans la voix d'Amédé
Grosse Tête sentait les épines de Rose
pis Grosse Tête aimait point ça
il aimait point ça du tout

et même si Grosse Tête en disait point un mot
avait même point sorti son couteau
Amédé savait mieux que de rester
savait que s'il restait c'était Rose qui serait étranglée
et qu'entre les mains d'un homme enragé
épines, sang et veines
font rinque encourager

chus gone au Grand Texas
qu'il avait annoncé à la fin de la soirée
parti voir une bassette
et les doigts de Grosse Tête avaient repris leurs couleurs
autour de sa bouteille, avaient largué les amarres
avaient repris leur patience
mais Amédé avait gardé le clan de ses yeux
le loup de ses dents
savait que Grosse Tête avait point fini de veiller

au Grand Texas
à galoper le triangle, l'industrie des chemins pavés
dans tout ça qui roulait et qui voulait rouler
dans la poussière qui mirait, qui craquait d'électricité
Amédé et Lejeune étiont loin
aussi loin que la mémoire d'une femme peut t'emporter
loin comme si le gros vent les avait emmenés
dans un autre temps
au Grand Texas
comme si c'était point assez d'être Américain

pendant des semaines, des mois et peut-être même une année
ils le saviont pus
ils aviont perdu le sens de la semaine à jouer
chaque soir une danse, chaque soir un bal
chaque soir une neuve Hall, le violon et l'accordéon
Lejeune et Amédé faisiont le tour du triangle du Grand Texas
jouiont ça qui restait du carré de la tune

mais dans le triangle
les sillons et les anses du Village faisiont presque pus danser
au Grand Texas, le carré du Village avait été remplacé
la musique sortait pus de la terre
de la sueur d'une semaine de travail
la musique sortait de l'électricité
et pouvait sortir partout en même temps
pouvait allumer la nuit comme le jour

comme si les quatre coins du monde
comme si le monde entier avait été acheté et paqueté
le travail asteure, c'était de faire le monde danser
il y avait pus de champs à travailler
il y avait pus de bêtes à calmer

Lejeune et Amédé jouiont pour la Hall asteure
dans la boucane et l'électricité
la Hall comme le ventre de la train

et dans la Hall comme dans le ventre de la train
des semaines, jusqu'à des années passirent
Amédé et Lejeune aviont joué dans tout ça
sans prendre de côté
une miette du carré
une miette du triangle
et après tant de temps ensemble
c'était devenu plus qu'une amitié
c'était s'accompagner sans dire un mot
c'était quitter une femme après l'autre sans s'expliquer
c'était s'accorder sur rien sauf jamais oublier
tout ça qu'ils pouviont pus aimer
c'était devenu de la famille asteure
Lejeune et Amédé

mais c'était plus fort qu'eux
ils étiont déjà en train de se séparer

Lejeune était fasciné
le neuf son qui se faisait, qui se vendait dans la Hall
faisait le violon briller, faisait le violon sonner fort
plus fort que toutes les guitares, la batterie
les voix qui pouviont l'accompagner
plus fort qu'une Cordine et un Amédé
dans un mic, l'archet pouvait sauter et voler comme un colibri
rien de son jeu était perdu
le son du violon remplissait la Hall comme du miel

Amédé sentait Lejeune s'en aller
sentait l'archet de Lejeune s'exciter, vouloir quitter
sentait Lejeune regarder, vouloir rambler comme les autres
dans des suits étoilés, dans des cars polishées
et Amédé savait que ses grands bras faisiont point bon abri

mais Amédé voulait point s'accorder non plus
pouvait point changer ça qu'avait braqué au Village
pouvait point emmener la perle de ses boutons
à s'habiller et se tiendre droite
Amédé sentait des racines et des branches pousser
pouvait point imaginer quitter les épines de Rose
pour rouler dans les neuves bêtes chromées

un soir à Orange
dans le triangle du Grand Texas
dans la profondeur d'un soir
Jolie Blonde rentrit dans la Hall comme un Noël
un grand corps de jambes dorées
Jolie Blonde rentrit comme un ciel étoilé
elle s'assisit
juste et droite
la chair de ses longues jambes croisées
son cou et sa nuque comme une fine tasse de thé
mais Jolie Blonde voulait rambler
voulait point danser à la Cordine d'Amédé
Jolie Blonde voulait le sucre
voulait tout le miel du violon, entier

elle revenit
un soir, deux soirs, trois soirs
mais restait tout le temps assis
Lejeune voulait la voir danser
Lejeune voulait voir sa lumière grouiller
voulait assez la voir que ça lui faisait mal à jouer

elle revenit
une semaine, deux semaines, trois semaines
jusqu'à temps qu'un soir l'archet de Lejeune embarquit
il sentit son archet comme pris, à la dérive
son corps de bronze reprit une miette plusse de sa lumière
le cuir usé de sa peau rebraquit à briller
reprit son musc et Lejeune était pris lousse

et Amédé savait qu'il y avait rien à faire
il le laissit courir et sauter dans les tunes à sa fantaisie
dans toute la lumière que Lejeune croyait voir
dans toute l'envie qu'il avait à faire Jolie Blonde danser
Amédé avait beau lui bailler toute la place dans la tune
espérant le faire rester
un bon soir à Orange, au Grand Texas
Lejeune se levit
en plein mitan d'une tune
Lejeune quittit Amédé
la lumière au bras

et cte soir-là, dans une chambre noire de la Hall
Lejeune fit la peau fine de Jolie Blonde craquer
fit toute la chaleur de son corps couler
montit toute la longueur de ses jambes
jusqu'à la porcelaine de Jolie Blonde

dans le tunnel de cte soir-là
leurs deux corps étiont à rouler et briller
pour quitter une fois pour toutes les grands vents et le sel
et Lejeune était trop affamé pour entendre la tempête
trop saoul de lumière pour lire dans les bouteilles cassées
l'eau brune qui montait à ses pieds

III

Lejeune était repris
son archet était une fontaine
un tourbillon d'or noir
et à force de tirer et de haler le sucre de son violon
de fouetter le Grand Texas de sa swing
son archet avait braqué à glisser
avait braqué à faire coller une voix dans l'autre
jusqu'en faire une autre
un bon sirop, un neuf sirop
son archet comme une grande canne à sucre
sous l'étoile de Jolie Blonde
et entre les hanches du Grand Texas, Lejeune était satisfait
Lejeune voulait rester
parce que ça sonnait
ça sonnait fort et de partout
des cloches en fer, en or, les neuves bêtes
qui rambliont de partout
dans des neufs clôts pavés par les radios à annoncer
le beau son des bons temps, ah-ha!

Lejeune était assez bien marié dans le bronze de sa peau
voyait clair assez tout ça que jouer avec Amédé avait embrouillé
que quand-ce qu'un vacher de Cow Town arrivit lui demander
de marquer de son violon les tunes que le vacher voulait chanter
il dit oui
Lejeune avait vu l'épaisseur de ses notes
le vacher avait du stock à grouiller
et avec ça
Lejeune embarquit une fois pour toutes
sur la selle du swing

l'électricité du courant, du sucre
avait fait de sa Cordine le poumon d'un autre temps
même après une pleine année seul
Amédé avait point arrêté de jouer

la radio était comme l'accordéon
une petite boite noire qui parlait, qui racontait la tune du temps
mais le temps de l'industrie était rempli d'huile
voulait toute faire rouler
voulait toute faire grouiller d'un seul refrain
dans la pleine lumière de l'électricité
les tunes se faisiont attraper, se faisiont nommer
les neufs vachers avec leurs fers chauds marquiont chaque tune
en nombres et en pièces pour vendre et acheter les corps après danser

Amédé savait que pour faire le triangle danser
faudrait changer
faudrait qu'il embarque comme Lejeune
qu'il embarque dans le courant, dans la lumière du neuf temps
mais Amédé avait braqué à sentir la terre
dans les villes du triangle doré, vagabondait satisfait
jouait tout seul asteure, dehors, jusqu'au petit matin
sentait sa voix dévaler, et en même temps
des neuves chansons monter
en hanches, en corps mouillé
les yeux de sa mémoire à prier dans le noir
dans la pleine terre du soir

à force de driller et de pousser dans les mots
dans le sable du temps
Amédé sentait le grand vide de sa vie se remplir

un soir comme les autres, Amédé était après jouer
son grand corps seul, la tête dans les nuages
dans les pétales de Rose
Amédé était après jouer et une grande silhouette
qui l'écoutait, s'approchit

imaginant que Grosse Tête avait finalement compris
Amédé arrêtit

dans son cœur, dans sa tête
Amédé était paré à en avoir fini avec grouiller
avec essayer de trouver une place grande assez pour aimer Rose
il arrêtit, presque soulagé
mais il connaissait point la face qui se présentit
et la main que l'Étranger tendit était gênée
malgré sa grandeur et sa belle voix grave, ses souliers polishés
ses mots arrêtiont point de trembler

l'Étranger s'appelait Savoie
il avait été halé du Nord par des vents qu'aviont raconté
que dans le Sud se jouait encore un poumon à quatre chambres
un poumon rempli d'eau, d'un autre temps
Savoie s'avait rendu jusque là pour le trouver, lui, Amédé
parce que Savoie voulait faire coller dans la cire le grand livre
le livre que selon lui, Amédé était en train de raconter
Savoie était venu pour lui annoncer qu'Amédé pouvait écrire
pouvait écrire le plein poumon du cri

ça fit drôle à Amédé de l'entendre parler
de l'entendre dire ça qu'il avait rinque pensé
dans la quête de Savoie, d'un Étranger, Amédé comprit
que ça que depuis toute une vie Amédé avait cherché
que ça que depuis toute une vie Amédé avait senti
comme un vide

66

que tout ça était peut-être là, en lui
tout le Livre du Village, le cyprès, le corps et la famille
étaient en lui

Amédé se levit

et cte même soir-là
Grosse Tête avait havré à la Hall
sans annonce et sans surprise
comme s'il appartenait partout
Grosse Tête se déparlait cte soir-là
allumait une cigarette avant la dernière
tombait dans une avalanche de mots
parlait comme s'il avait bu le baril

il avait perdu Rose
en plein été, en plein jardin

Grosse Tête était secoué
était là pour chercher une trace, une onde de sa femme
de sa femme

«les Vieux croyiont que la petite boite volait ton âme
mais la mémoire mourt point, n'est-ce pas, Amédé?
les portraits mourront point, n'est-ce pas, Amédé?»

mais Amédé savait mieux que de parler à Grosse Tête
quand-ce qu'il avait une femme sur les genoux

la nouvelle de Grosse Tête lui vint comme un signe
et avec Savoie assis à ses côtés à insister
à raconter comment la rumeur des vents l'avait mené à le trouver
que le cri d'Amédé se faisait pus, se ferait pus
que le cri d'Amédé faisait
mémoire de voyages remonter
Amédé savait qu'il avait pus de choix
comprit que si Rose avait osé quitter Grosse Tête
osé partir au large
il avait pus rien à faire que de la suivre

c'est pas qu'il pensait la retrouver
Amédé savait mieux que ça
non, Amédé montit dans le Nord pour l'écrire
pour la tracer, pour sillonner ça qu'il avait trouvé au Village
ça qu'il avait fait lever de la tune
toute la misère que c'était d'aimer une femme
de trouver famille

Amédé demandit d'être seul pour recorder
il voulait être seul pour écrire
seul avec son âme
Savoie et les autres pouviont point le voir
mais Amédé se sentait déjà accompagné
dans chaque note, dans chaque temps
il y avait d'autres accordéons
les poumons des autres qui souffliont, qui poussiont, qui haliont
il entendait déjà de loin, comme d'un autre temps monter
une neuve ronde, des neuves danses braquer

68

Amédé jouait et criait le plein poumon
et l'aiguille écrivait
dans les sillons, dans la cire
dans l'oreille d'un autre temps

et après plusieurs semaines de-même su Savoie
Amédé était plus loin encore
à force de chanson après chanson enregistrées
il avait parcouru désert, sable chaud,
la goule pleine d'épines jusqu'à faire saigner la mer
jusqu'à la baleine
jusqu'à l'archet de Noé
jusqu'à pus savoir s'il était
après quitter ou retourner
à force de traverser chemins de fer en croix, en quatre
Amédé jouait pus pour faire danser
Amédé jouait comme on grouille pour se retrouver
Amédé jouait le cœur du temps

IV

il y avait de-quoi d'enceinte dans l'air
ils reveniont au pays des quatre directions
reveniont malgré les années qu'aviont passé
malgré l'herbe qu'avait poussé
même si tout avait changé
ils reveniont
halés par des forces qu'ils pouviont point nommer

Lejeune s'avait rendu compte
dans toutes ces années à marquer des tunes
à jouer et rejouer les grands chemins
les rides d'une bête et de l'autre
il avait point trouvé un sens de direction
avait point réussi à perdre la soif qu'avait braqué avec Amédé
la soif qu'avait braqué cte premier soir-là
qu'avait monté dans le cri, qu'avait fait monter les skirts
les grandes skirts du ciel

sans l'ancre de la tune pour le planter
il s'avait promené, et à force de rambler avait trouvé
comment faire danser la Hall
son violon sonnait sûr, était demandé partout
mais il savait pus où aller
il avait fait le tour du triangle assez de fois
qu'il sentait qu'il avait point grouillé
c'était de-même dans la Hall
le temps existait point, Lejeune jouait et jouait
mais voyait rien pousser

et après tant d'années
son bras, son archet vouliont pus donner
son bras et son cœur s'accordiont pus
et même si les danseurs le larguiont point
même si l'électricité l'avait réveillé
Lejeune sentait tout l'or du Texas
jusqu'à Jolie Blonde
braquer à s'en aller

dans les semaines qui meniont à Mardi Gras
on fouillait dans le sucre et la crème
pour le royaume de la pâte
à la Ville Plate
l'or se passait d'une goule à l'autre
gâtait les dents les plus bêtes comme les plus éduquées
dans un long chemin, dans une ligne droite
faisait un roi du pauvre
et de la semaine une danse

les Vieux aviont point décollé
s'aviont parlé et déparlé jusqu'à rester
à raconter et écouter tout ça qu'était pus là
tout ça qui cherchait à se faire
les Vieux, devenus barbiers
des rois sur leurs chaises de cuir noir
sur leurs places de damier
faisiont jouer une autre forme de tune asteure
faisiont jouer l'histoire du Village reformé
ça qui restait du dedans dérobé
à la shoppe
tous les clients qui se présentiont sous la lame des Vieux
comme si leur vie était menacée
vidiont trésors de leur gorge

les Vieux aviont abandonné leurs archets pour des lames
aviont appris qu'entre la mélodie et les mots
entre la Hall et l'église
en pleine moitié du long chemin de la Ville Plate
du long chemin qui faisait promesse du Nord et du Sud
qu'en plein mitan des quatre directions
c'est la gorge qui garde le vent

ça prenait des mains habiles
pour raser la peau de la tempête

dans les semaines qui meniont à Mardi Gras
ça chauffait et ça chauffait plus fort
ils aviont entendu qu'Amédé allait havrer
qu'après tant d'années
Amédé et Lejeune alliont arriver et rebraquer
tout ça qu'ils aviont laissé

à la shoppe
de toutes les histoires que les Vieux racontiont
leur plus riche tune
c'était l'histoire des deux frères retrouvés
retrouvés comme deux opposés qui saviont point
qu'ils partagiont la même mère
que c'était ça la famille
un grand mystère
et que c'était peut-être point un hasard
peut-être point une chance mais le destin lui-même
qui faisait que Lejeune et Amédé
étiont arrivés le même jour à la Ville Plate
comme si la force de chaleur qu'ils aviont en commun
pouvait point faire autre qu'attirer les vents de la mer
lever les skirts du ciel pour le Mardi Gras

et les Vieux en remettiont
ça dansait fort sur les chaises

parce que tout était possible à Mardi Gras
tout braquait à virer
comme pour faire le grand bois danser
le cimetière des vents

Amédé havrit à la shoppe
il avait été dit de se pointer au lever du soleil
paré à jouer
et il était paré, il était plein
plein de tout ça qui fait la vie

Amédé havrit
rouvrit la porte pesante de la shoppe avec tendresse
fit sonner la petite cloche contre la vitre
il vit au ralenti chaque tête rangée se virer le cou pour voir

Lejeune était déjà là avec Jolie Blonde, assis
avait arrivé plus tôt le matin, excité
sentait qu'avec Amédé il pourrait surement se retrouver
qu'Amédé saurait où aller

mais quand-ce qu'il a vu le grand Amédé havrer
vu le tronc de son torse
ses jambes encore plus grandes, plus pesantes
comme si asteure il y avait rien qui séparait Amédé de la terre
Lejeune se levit même point, pensit même point à grouiller
il était pris
Lejeune se dit que dans toutes ces années au Texas
il avait rien vu ou senti de plus riche
il y avait point eu de son plus riche

aucune tune qu'il avait marquée aussi dorée
que la chaleur de la voix douce et grave d'Amédé

et comme si rien n'avait changé depuis-ce qu'il avait quitté
comme si la shoppe était un grand champ de coton
comme si les têtes des autres hommes flottiont
nuages blancs, rêves enracinés
comme si leurs sacs restiont encore à remplir
Lejeune sentit un poids lui rentrer dans le ventre
un matin tôt, très tôt après braquer
Lejeune sentit qu'il avait retrouvé de-quoi
et la Blonde à ses côtés était point Brune
était point Brune comme la voix qui montait
comme le noucle dans son got qu'il avait gardé
qui poussait
qu'il sentait
qui voulait se défaire
qui voulait chanter

les Vieux saviont mieux que de parler
qu'essayer de couper et de mettre mots à la magie
ils sortirent des tirettes, flasques après flasques
avec l'eau de la plus pleine des lunes
sortirent violons et cordines
des quatre coins de la shoppe
fermirent les rideaux
barrirent la porte

ils aviont pris le bote

et les deux frères se mirent à jouer

à jouer toute la force de la mer, du sable et de la poussière
à jouer l'histoire des courants
la vague comme le ventre de la mer
comme la mort de la mer, le corps pris de la mer
le coquillage, la pierre, la mémoire
comme le bateau, comme un naufrage pour refaire plage
toute la misère de la mer
toute sa force
jusqu'à point pouvoir la quitter
jusqu'à point pouvoir la laisser
jusqu'à sentir sa montée et sa descente
comme si elle avait jamais été coupée
aucune levée pour la mer
aucun mur ou bucher
aucune lame ou papier pour taiser le vent
et le cri de la mer

et Amédé put point s'empêcher
était heureux assez de se retrouver là, en plein mitan
à naviguer le grand large
dans la pleine voile du poumon de sa Cordine
Amédé se fermit les yeux, se laissit aller
devant la Vigilance qu'il savait autour après écouter
devant Jolie Blonde qui s'apprêtait à rapporter, tard dans la nuit
à préparer sa vengeance dans les stills de Grosse Tête
devant tout ça
Amédé levit l'ancre de la tune, le cœur plein

Rose !

V

et c'est de-même que cte soir-là
le Village dans la Ville
la Ville dans le cœur des hommes
la course finit
les poules attrapées et déplumées, bouillies et mangées
le monde entier havrit

dans la nuit, dans la Hall
un autre samedi soir
entre les portes de la semaine
entre les portes fermées à clé, cadenas rouillés
il y avait une force de marée, comme le braquement
quand-ce que ç'avait tout commencé
avant même de connaitre le Village
comme la première fois que Lejeune s'avait couché
dans la voile de son violon
comme la première fois qu'Amédé avait entendu
de la voix de sa grand-mère, un cœur battre
c'était plus fort cte soir-là
plus fort

Amédé avait resté assis tout le premier set
avait écouté le son des ramblers et de Lejeune se rendre jusqu'à lui
jusqu'à la dernière table au dernier coin, jusqu'à sa Cordine
sans fouetter la place, sans faire suer même son petit doigt
Amédé avait écouté Lejeune faire chanter son violon
sans grouiller
Amédé était pris assez par le show
qu'il avait vidé la bouteille
était parfaitement saoul à la fin du set

Amédé était saoul assez
que quand-ce qu'enfin il braquit sa longue marche
sa marche au stage pour jouer
chaque pas qu'il sentait était comme une charge d'électricité
comme le temps qui s'éclairait
il aurait juré
juré sur l'échine de sa grand-mère
juré sur les pétales de Rose
que le bois mort de la place était vert et long
que le printemps avait braqué
que dans le musc de la danse qu'entourait son corps étoilé
ça bourdonnait
que quelque part dans le nuage d'hommes et de femmes
il y avait un miel qui se faisait

et c'est comme ça qu'il rouvrit la goule
longit une miette, collouse une miette
Lejeune savait mieux que de braquer
Amédé s'avait installé au plein mitan
entre les deux mics de violons

et comme pour annoncer l'horizon
Amédé larguit un cri
un cri chaud, épais
un cri tendre
la pleine voix de la misère comme l'anneau de l'arbre
la voix du grand cyprès
du grand cyprès de l'Atchafalaya

après tant d'années à nager enraciné
après tant d'années à faire danser
à faire grouiller, à faire lever
les skirts du temps
Amédé était arrivé

et dans son cri
la chaleur levit
tout le sucre de la Hall brulé
la chair de la peau des danseurs exposée
la voix d'Amédé comme fourmis dans les jambes, genoux
l'os de l'attente, toute
jusqu'au dernier croissant de lune de sa goule
criait pour grouiller

Amédé était arrivé
Amédé avait trouvé le Livre

la tune de la parenté!

et Amédé la connaissait cte fois icitte
la première tune qu'il avait appris au Village
Lejeune était là
avec tout ça que ça prend pour guetter
avec toute la patience que ça prend à écouter
quand-ce que tu veux décoller

Lejeune embarquit avec Amédé
violon au cœur
le mât de son archet hissé
la pleine voile
pour quitter
pour prendre le large
jouer le dernier voyage ensemble

un port peut être une longue
très longue nuit
et la tune
une dernière vie

dans le chemin du retour cte soir-là
Amédé voyait pus droite
voyait pus la différence entre la lumière et le jour
était rempli assez, plein assez de tout ça qui fait vie
sentait fort assez chaque épaisseur de son corps
chaque sillon qu'il avait tracé virer en lui
qu'il savait qu'il restait pus rien à désirer
pus rien à chercher ou trouver
qu'il avait écrit ça que sa grand-mère avait raconté
que toutes ctes années-là, il avait cherché
avec le Livre dans le ventre

il savait que son temps était venu
avait vu du stage Jolie Blonde et Grosse Tête se pencher la tête
avait compris de leurs yeux et de leur départ avant les autres
qu'ils seriont après le guetter
mais c'était pus important asteure
tout avait été réglé
il restait rinqu'à rentrer au logis

et c'est pour ça
que dans le chemin du retour
quand-ce qu'il sentit sur son échine
le tremblement de la car
les lumières chaudes de la car arriver
il se fermit les yeux

c'est pour ça
que quand-ce qu'il sentit le fer chaud de la car
Amédé laissit son grand corps rentrer
dans toute la force
dans toute la terre de son cri

et Amédé tombit
sous la pesanteur de la roue
une fois, deux fois, trois fois, quatre fois
la roue au travers de son corps
comme pour marquer les vents

Amédé était rentré au logis

Lejeune avait resté jusqu'au matin à la Hall
le dernier cri d'Amédé avait collé
avait resté fort assez dans chaque partie de Lejeune
qu'il avait perdu entier l'envie de Jolie Blonde
Lejeune avait même pas remarqué
qu'elle avait quitté avec Grosse Tête
le dernier cri d'Amédé avait trop réveillé dans son cœur
pour le remarquer

Lejeune se sentait en vie
comme s'il avait été replanté dans la terre
comme si toutes les pièces de la radio et de la swing
avaient passé à d'autres mains
les mains de Lejeune asteure étaient libres
à toucher jusqu'au fond de la rivière
à toucher l'eau des lèvres de Jolie Brune
l'épaule de son cœur, la hanche de son sourire
Lejeune sentait glisser le noucle qu'il avait point laissé
le Village qu'il avait gardé si parfaitement nouclé
il se sentait en vie

en s'approchant du carrefour, dans la marche du retour
Lejeune vit comme un arbre, comme le temps couché
Lejeune s'arrêtit
tout en lui virait
tout en lui disait que c'était point vrai
le corps de son ami, mort, devant lui

et le cri montit, partout les vents
le plein poumon braquit
et le sel et l'eau montirent
à piquer, à faire tempête de son corps
à percer la dernière levée

et le noucle se défit

à genoux devant le corps d'Amédé
dans le chemin du retour
Lejeune braquit à brailler

Lejeune aurait point pus dire
quand-ce qu'il avait braqué ou arrêté de brailler
la date, le lieu, les détails de comment-ce qu'Amédé
avait quitté, avait rouvrit la porte du logis
des pleines années passirent sans en entendre parler

mais un bon jour à la Ville Plate
un grand homme au corps épais
au corps tendre comme un arbre
marchait, vagabondait
cherchait à comprendre son chemin

et cte bon jour-là
le grand homme, le musicien
se trouvit à marcher devant le logis de Lejeune
qui gardait tout le temps ses vitres et sa porte rouvertes asteure

et du logis de Lejeune, l'homme entendit
un cri, un cri comme ses pleures, un cri comme sa misère
un cri qui lui remplit le ventre qu'il avait braillé vide
le cri l'appelit comme une parenté perdue
du logis, du record que Lejeune jouait
du Livre qu'avait tracé Amédé

il rentrit trouver Lejeune
ils passirent la journée, la nuit, des semaines à jouer, à composer
jusqu'à se sentir bien plantés, enracinés
jusqu'à entendre le grand cyprès chanter
jusqu'à sentir les sillons du cercle, la mer de la grande plaine salée
et la tune rebraquit à danser

il y avait rien de perdu

le Village s'avait refait

Table